El oso que amaba el chocolate

Por: Leela hope

Escrito por: Leela hope

.Copyright © por Leela hope

Había una vez, un pequeño oso que vivía en el bosque.
¡Sólo comía chocolate!
No comía otra cosa que no fuera chocolate, ninguna fruta, ni verdura, nueces, semillas ni carne.
Sólo comía chocolate, y muchísimo.

El oso tampoco comía ningún cereal, arroz, huevos ni tampoco ningún pan.

Todo lo que él podría llegar a comer era chocolate....*sólo chocolate.*

Un día, el pequeño oso estaba hambriento. Fue a la cocina y revisó los cajones.

Para su sorpresa, se dio cuenta que ya no quedaba chocolate.
¡Se lo había comido todo! Ya no quedaba nada. El pequeño oso se puso muy triste y lloró.

La mamá osa lo escuchó llorar, "¡Quiero un poco de chocolate!". Ella fue rápido a ver que le pasaba a su hijo que estaba enojado.

Pero cuando le pregunto por qué lloraba, ella muy amable pero con firmerza le dijo,

"está bien querido, no hay más chocolate, pero todavía quedan muchas otras cosas deliciosas".

La madre sonrió mientras abría el refrigerador, "¡mira!", le dijo,
"tenemos frutas, sopas, fresas, yogur y mucho más".
Había demasiadas opciones para que el oso pudiera ver y elegir, pero
siguió llorando.
Sólo quería chocolate. El pequeño oso continuaba muy triste.

Al día siguiente, cerca de su casa en el bosque, había dos niños pequeños que caminaban con su familia. El niño y la niña compartían una barra de chocolate. Era muy grande, ¡la más grande que te puedas imaginar! E incluso tenían muchos dulces de chocolate más en su canasta.

No muy lejos, el pequeño oso jugaba con sus juguetes y soñaba sobre su comida favorita.

De repente olfateó ese aroma familiar. Su nariz perseguía el trayecto del aroma en el aire.

El oso escucho a las personas hablar muy contentas. A medida que los niños se acercaban, el aroma del chocolate se volvía más fuerte, y el oso no podía evitar sentirse así.

Corrió muy velozmente hacia los niños y hacia su comida deliciosa. Luego, saltó desde atrás de un árbol y les gritó, "¡Denme chocolate!".

Los niños se asustaron, porque le temían a los animales grandes. Cuando el oso habló, no escucharon su pedido de chocolate. En cambio, sólo lo escucharon gritar.

Los pobres niños petrificados pensaron que el oso los quería atacar, así que se fueron corriendo.

Corrieron tan rápido que se les cayó todo el chocolate.

El oso no podía creer su suerte. Se sentó en el suelo y se comió la enorme barra de chocolate y todo el chocolate adicional que los niños tenían en sus bolsas.

Comió y comió hasta que le dolió la panza, y luego…¡comió un poco más!

Pero luego, cuando terminó de comerse todo el chocolate, no podía levantarse del suelo.

Le dolía tanto el estómago.

Con un sabor horrible en su boca, logró comer lo suficiente para obtener energía para decir,

"¡Ya no me gusta más el chocolate".

Después de ese día, el oso nunca más volvió a comer chocolate. En cambio, empezó a disfrutar de toda la comida deliciosa que su madre le preparaba.

Y ahora, el oso come y disfruta de los vegetales, las frutas, cereales, arroz, huevos, e incluso de la carne. Ya no llora porque quiere chocolate. ¡Es un pequeño oso muy saludable y feliz!